AF227490

LE
COUVENT DE LA CROIX

SOUS LA

COMMUNE DE PARIS

LE
COUVENT DE LA CROIX

SOUS LA

COMMUNE DE PARIS

———

CATASTROPHE DE 1871

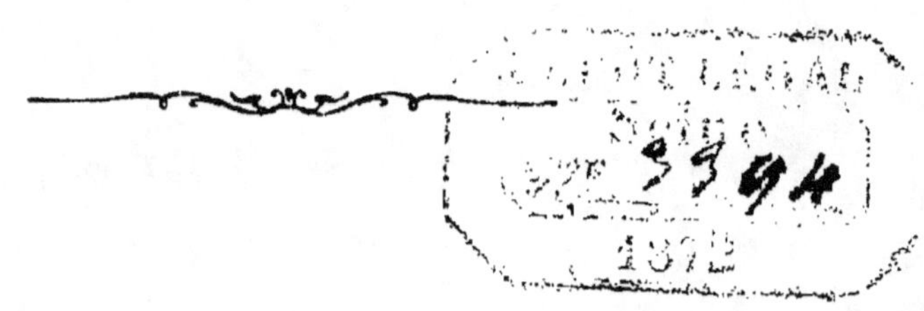

PARIS

IMPRIMERIE PILLET FILS AINÉ

RUE DES GRANDS-AUGUSTINS, 5

—

1872

LE COUVENT DE LA CROIX

COMMUNE DE PARIS

I

L'histoire se chargera (et elle l'a fait déjà) de dire à la postérité ce qu'était la Commune de Paris, pendant ses trois mois de durée ; ce qu'ont été ses actes, ses excès, ses crimes et ses frénétiques emportements ; ce que ses passions déchaînées ont porté de coups fratricides, non-seulement sur notre grande cité éplorée, mais sur le monde entier.

L'Internationale, cette société justement appréciée et dénoncée par un de nos plus illustres prélats, avait grandi secrètement dans l'ombre ; et, assez forte déjà pour oser paraître au grand jour, tentait une action corruptive et destructive sur une grande partie de la population. Que voulait-on? anéantir le grand principe qui soutient les sociétés, depuis de longs siècles !!!

La Foi ! ce flambeau de l'humanité, confié par le Ciel aux hommes pour diriger leur course dans la vie, développer chez eux les vertus vraiment sociales, élever leurs âmes à la hauteur de leur mission divine et consoler leurs cœurs aux jours de la détresse.

Ces homme inventeurs de la Commune prétendaient, en devenant assassins et sacriléges, reconstituer la société nouvelle. Quelle société, grand Dieu! que celle où vous alliez être sacrifié... L'autel de l'immolation était dressé et, sur cet autel, devait couler le sang le plus pur des enfants chéris de votre cœur!!!

Ce sang des généreux confesseurs de la foi, devant apaiser votre si juste courroux et racheter les crimes commis; vous l'attendiez, grand Dieu! avec impatience, parce que vous aviez besoin de pardonner à tous et de répandre vos bénédictions et vos grâces sur ceux qui n'avaient pas cessé de vous aimer et de vous prier!!!

Le récit de cette moderne terreur est livré déjà à la publicité. Aussi n'est-ce pas un résumé que je veux faire, mais simplement dire, par quelques lignes, les épisodes intimes dont j'ai été le témoin au couvent de la Croix; asile modeste et silencieux, qui tient son nom de l'étendard du divin Maître! O divine Croix! que vous nous avez été chère et consolante pendant ces heures d'angoisses et d'épouvante. Chères sœurs aimées, je le sais, rien ne devait vous atteindre sur le cœur de votre Jésus, ce divin cœur, que vous aviez placé sur vos murs comme une égide, et qui vous a protégées des obus prussiens tombés tout autour de vous pendant vingt-un jours. Vous êtes restées courageusement presque seules dans le quartier, au milieu de cette tempête affreuse, et vous avez ouvert aux blessés, victimes de nos malheurs, votre maison sainte, qui depuis une douzaine d'années a donné asile à plus de trente mille jeunes filles isolées dans Paris. Un regard d'amour sur votre crucifix eût fait de vous volontiers des victimes d'expiation pour vos coupables bourreaux. Votre grand protecteur, saint Joseph, a éloigné le malheur de votre communauté, et nous bénissons Dieu qui vous a conservées pour soulager les malheureux.

Le 31 mars, l'un des jours de la terrible persécution, s'était levé sans soleil ; on sentait dans l'air les effluves malsaines d'une désorganisation générale ; de sinistres bruits circulaient dans les groupes inquiets et mystérieux. Les affiches rouges tapissaient les murs ; les journaux se criaient dans les rues, le *Père Duchêne* entre autres, et chacun l'achetait pour y lire les faits de la veille et les promesses criminelles du lendemain. Tous les esprits étaient fortement impressionnés et les cœurs découragés ; aussi lorsque le crépuscule laissait descendre ses ombres du haut des édifices sur les demeures, on se sentait saisi d'une crainte vague, d'une souffrance indéfinie. L'incertain de la nuit inquiétait et troublait malgré soi.

Mais l'heure de la prière était douce pour les âmes unies à Dieu ; les émotions et les craintes se changeaient en une quiétude confiante et résignée, que les mondains ne connaissent pas.

Après les fatigues d'une journée laborieusement remplie par les exercices de la charité, l'esprit et le corps appellent le repos ; aussi à neuf heures et demie du soir, tout bruit avait cessé dans l'enceinte de nos murs. Les lumières éteintes, tout était rentré dans l'ombre.

Il était près de onze heures, lorsqu'un coup de sonnette retentit lugubrement à la porte de la rue, puis un second, puis un troisième. A ce moment, j'étais debout. Jeter un manteau sur mes épaules, allumer ma bougie, chausser mes pantoufles, gagner les escaliers fut l'affaire d'un instant. M. l'aumônier, qui veillait encore, ayant vu des hommes armés à la porte extérieure, venait de sonner Mme la supérieure et demander la clef... Vite, vite, me dit M. l'aumônier, allez réveiller Mme la supérieure et la sœur assistante, que l'on ouvre sans retard à ces hommes, dont l'irritation semble au paroxisme. Les crosses de fusils heurtaient la porte, les menaces se faisaient entendre, onze heures sonnaient lentement aux horloges des communautés voisines. Le ciel était gris et triste, un vent sec agitait les arbres et soulevait la poussière des allées... « Qu'on ouvre, au nom de la république, criait le commandant, ou nous enfonçons la porte. » Mme la supérieure ne se fait pas attendre. Cependant on voit deux hommes portant leurs armes nues, se dresser comme deux spectres sur le mur, et retomber dans le jardin. Le commandant avait escaladé la porte cochère; il arrive dans la cour d'entrée, le révolver à la main, en disant : « Nous avons enfoncé la porte, puisqu'on n'ouvrait pas. » M. l'aumônier ouvre alors la porte d'entrée ; une quinzaine de fusiliers se précipitent dans le couvent. Ils prennent peur en voyant refermer les portes, et disent tout bas : Ne fermez pas. Ils étaient braves contre des femmes. Mme la supérieure était en présence du commandant de la troupe, qui, porteur d'un mandat de la Commune, le présente en disant : « J'ai ordre de faire une perquisition dans votre couvent. — Faites, Monsieur, » répond Mme la supérieure, avec sa dignité calme et douce. La sœur assistante avait manqué de temps pour compléter son costume religieux. Il fallait courir au plus pressé ; visiter la maison, réveiller les domestiques; puis revenir près de sa supérieure pour parlementer avec l'envoyé de la Commune. Les quelques explications qui lui sont données, loin de le calmer, semblent au contraire redoubler sa fureur ; s'adressant à ses soldats, il leur dit : « Vos armes sont-elles chargées, citoyens ? — Oui, commandant. — Alors, montons. » Puis il dit aux religieuses : « Vous nous suivrez près de la Commune. Il faut que Mme la supérieure vienne avec nous. »

Revenons à nos pauvres sœurs qui, s'étant levées sous une impression de saisissement et de frayeur, ne se rendaient pas compte exactement de ce qui se passait. Les unes s'habillaient sans lumière, les autres à la lueur d'une lampe mourante, et s'affublaient n'importe comment. Les goupes erraient des cellules dans les couloirs. Des craintes se communiquaient ; des réflexions, des suppositions s'échangeaient sur ce qui allait se passer ; on ne savait encore rien ; seulement on entendait un murmure sourd aux étages inférieurs ; tout à coup un grand bruit se fait entendre, comme une poursuite ; c'en était une en effet. Un homme, ou plutôt un fou, passe comme la foudre, essayant d'atteindre une religieuse, qui haletante, éperdue, fuyait à toutes jambes. Cet homme criait : « C'est elle... » puis il s'arrête court... sa victime lui avait échappé. Une porte ouverte l'avait sauvée. Cette retraite était la chambre d'une dame pensionnaire ; la jeune sœur suffoquée par la frayeur criait : « Sauvez-moi, cachez-moi ; il veut me tuer. » Mais qui ? lui demanda cette dame. « Cet homme, je ne sais pas... c'est... » la voix lui manqua. La première réfugiée est bientôt suivie d'une seconde, puis d'une troisième. Chacune s'emménageait à sa manière, pendant que la propriétaire de l'appartement s'occupait de mettre en sûreté papiers et argent.

Revenons maintenant au troisième étage où nous attendent d'autres incidents. Après avoir rencontré le poursuivant de la petite sœur, qui m'avait fait grand peur en me réclamant sa parente, il s'était introduit dans la chambre du n°... dont il avait enfoncé la porte. A cette action brutale et peu chevaleresque, convenons-en, un cri d'épouvante de la dame, qui y était couchée, avait retenti. Je n'étais pas remise de ma stupéfaction qu'un autre personnage se montre, au haut de l'escalier; s'adressant à moi, il me demande, avec emportement, de lui ouvrir tous les appartements des dames pensionnaires retenues dans ce couvent de force... « Vous êtes dans l'erreur, lui dis-je. Monsieur, comme moi, ces dames ont toute liberté de quitter ou de rester ici. Toutes nous nous trouvons heureuses dans notre couvent, nous aimons nos chères religieuses, et nous ne nous en séparerons que lorsqu'elles quitteront leur maison. » Je ne savais pas cela, me dit le commandant; car c'était lui qui était mon interlocuteur. Ses allures étaient froides, dures et peu rassurantes. Il portait l'épée nue et un revolver à sa ceinture.

Comme on était arrivé près du n°... le commandant y entre, et aussitôt le forcené en sortit sur l'ordre du chef. Tout cela se passa en beaucoup moins de temps qu'il n'en faut pour le raconter. Mme la supérieure fut aussi appelée dans cette même chambre. La sœur Assistante rassurait du mieux qu'elle le pouvait les sœurs et autres personnes présentes qui s'étaient réunies autour d'elle. M. l'aumônier qui était monté avec les fédérés armés, se tenait au milieu d'eux. Tous les visages étaient pâles, glacés et impassibles. Le furieux sorti de la chambre de sa parente, bondit comme un tigre sur la sœur assistante le point serré sous son menton, en disant : «La voilà, c'est elle, cette coquine; je la reconnais sous son déguisement. » Puis cet homme relevant le bras vivement, je crus le voir retomber sur la tête de la sœur assistante, qui n'en fut nullement troublée, elle souriait à son bourreau; celui-ci écumait de rage, et les yeux lui sortaient de la tête. Il l'accusait de retenir par force sa parente. Le chef avait entendu ces paroles injurieuses, et se montrant à la porte de la chambre, il dit : « N'insultez personne, citoyen, où je vous fais arrêter... Deux hommes, vite, pour garder le citoyen. » Aussitôt dit, aussitôt fait, et notre insolent personnage est placé, bon gré malgré, entre deux baïonnettes nues.

La dame, objet de tant de bruit et d'inquiétudes, avait instruit le commandant des faits qu'il ignorait, en lui affirmant qu'elle s'était retirée très-volontairement au couvent, pour raisons de famille, qu'elle s'y trouvait protégée et tranquille, etc.... Cette conversation et ses éclaircissements avaient en tous points calmé et même changé les dispositions de l'officier, lequel, après avoir dressé un procès-verbal en plus ou moins bon français, fit des excuses à madame la supérieure et à la sœur assistante, en assurant ces dames qu'elles seraient dispensées de sortir pour se rendre à la Commune. Toutes ces formalités burlesques à la fin, effrayantes au début, étant terminées, on redescendit dans l'ordre suivant : J'éclairais la marche; venait ensuite la dame avec le commandant, M. l'aumônier, le prisonnier toujours gardé à vue par les deux gardes nationaux, enfin madame la supérieure, la sœur assistante. Arrivés dans la petite cour où l'escorte de quinze fédérés attendait, nous la traversâmes bravement, et nos farouches envahisseurs, apprivoisés à peu près, firent le salut militaire et nous délivrèrent de leur présence. Cette lugubre séance avait duré une heure et demie. On regagna ses cellules. Le sommeil rentra-t-il dans toutes? je ne sais, mais la prière s'y trouva assurément plus confiante et plus douce, car il était évident que Dieu surtout avait tout dirigé et tout conduit durant cette soirée si agitée, si remplie. Deux religieuses, qui n'avaient point paru pendant toutes ces scènes, ne perdaient point leur temps... L'une d'elles priait bruyamment et aussi avec beaucoup de ferveur, conjurant le Ciel de l'écouter et de protéger sa chère communauté. Elle eût désiré, cette bonne sœur, que sa compagne répondît à son expansion, mais celle-ci était trop faible pour parler, peut-être aussi trop impressionnée, trop effrayée... Ses pensées et ses soupirs étaient bien éloquents pour le bon Dieu, qui recueillait comme des perles pour leur couronne, les aspirations de ces deux saintes âmes, et en même temps étendait son bras protecteur sur la famille entière.

II

Aucun incident remarquable ne nous bouleversa pendant quelques jours. Les esprits et les cœurs anxieux et agités étaient néanmoins en éveil, chaque fois que les papiers du jour ou la chronique publique signalaient un nouveau crime. On disait tant de choses! Ce qui surtout brisait et consternait les cœurs chrétiens, c'é-taient les profanations commises dans les églises, les violences exercées contre les prêtres, les religieux et les religieuses.

Les hostilités entre Versailles et les membres de la Commune avaient éclaté. Les fédérés, comme on les appelait alors, s'irritaient, et, comme sûrs de leur sort, semblaient vouloir d'avance exercer leurs épouvanta-bles vengeances.

Les communautés étaient trop menacées pour ne pas songer à se mettre en sûreté; mais comment quit-ter Paris? Deux religieuses veillaient chaque nuit afin d'être prêtes à tout événement, et cette prévoyance se trouva sous peu justifiée. Le 4 avril, au soir, il était près de dix heures, lorsque se fait entendre de nouveau cette terrible sonnette qui nous avait tant alarmées; une des sœurs ouvrant un petit guichet pratiqué dans la porte extérieure, demande quel motif amène une visite si tardive. « Ouvrez, Madame, » lui répond-on; tremblante de frayeur, car elle avait vu briller des ar-mes, elle ouvre, et une escorte de six hommes, à la tête de laquelle était un jeune homme de dix-huit ans à peu près, entre et présente à la sœur un mandat qui ordonnait de venir réclamer un cheval appartenant à un officier de Versailles. Les gardes nationaux tâ-chaient de rassurer la sœur en lui disant que si leurs baïonnettes lui faisaient peur ils allaient les baisser. Celle-ci leur répond que depuis longtemps elle était habituée aux baïonnettes, et qu'elle n'en avait plus peur. Le jeune commandant prévint la sœur de ne lui rien cacher, car il connaissait toutes les particularités et même le nom du propriétaire de ce cheval. On les invita à entrer au parloir. Le commandant demanda une plume et de l'encre, fit un reçu, le remit à la sœur. Pendant ce temps, l'autre sœur qui veillait courut en toute hâte avertir sa supérieure de ce qui se passait, ainsi que quelques autres religieuses; elles s'habillèrent le plus promptement qu'elles purent, et en peu d'instants tout le monde fut sur pied. Les fédérés étaient déjà à l'écurie, en train de seller le cheval. Quatre d'entre eux engagèrent une conversation assez bienveillante avec les sœurs, en leur disant de ne rien craindre, qu'aucun mal no leur serait fait. Le cheval étant sellé, on le fit sortir de l'écurie, et le commandant le monta ; mais il fut bientôt obligé de descendre, car la bête fit tant d'évolutions et de petits sauts qu'il fit tomber son cavalier, qui n'osa plus remonter. Madame la supérieure ayant offert la voiture avec le cheval : « Est-elle à vous cette voiture, ma sœur? — Oui, répondit madame la supérieure. — Alors nous ne la voulons pas. » Vraiment les représentants de la Commune se modifiaient remarquablement au couvent de la Croix. On avait conversé; on offre des poignées de mains, il fallait y répondre. Les délégués assurent ces dames de leur protection, et se retirent, emmenant le pauvre coursier, devenu fédéré malgré lui, et ne devant plus revoir son écurie.

Cette seconde épouvante calmée, on devisa sur les impressions de chacune et sur les mesures à prendre ; il convenait de se presser, d'en arrêter une sage et prompte. On rendit grâces à Dieu de ce que l'on aurait pu peut-être avoir raison d'appeler un miracle, — en comparant ce qui se passait ici, avec ce qui se faisait ailleurs. Un petit memento à votre adresse, bon saint Joseph, car vous veilliez aussi, avec votre petite lampe, sur cette communauté, objet de votre grande sollicitude!... Merci ! continuez, nous aurons encore besoin de vous... De plus en plus, tout s'obscurcissait au dehors : c'était la terreur. Tout pouvait être craint ; l'hésitation n'était plus permise, la séparation et le départ furent arrêtés.

De nobles cœurs dévoués, généreux et vaillants luttaient et se débattaient. Le sacrifice était égal : ou l'exil, ou les périls de la terreur. Presque toutes les religieuses devaient prendre le chemin de l'exil, et un très-petit nombre demeurer à Paris... La mère si aimée de cette malheureuse famille quitterait le couvent avec ses filles, pour se retirer dans une petite campagne perdue dans les bois. La sœur assistante resterait à Paris avec neuf de ses sœurs les moins impressionnables et les mieux portantes. On attendrait ainsi, se confiant à Celui qui soutient et qui sauve quelquefois, et, en tous cas, donne toujours aux siens courage et force pour se dévouer. Il y avait ici plusieurs dames presque toutes vieilles et infirmes, des jeunes filles sans ressources et sans asile, le devoir ordonnait donc de rester ; puis un poste, quel qu'il soit, ne s'abandonne pas facilement. Il sera sûrement gardé, ce poste, par des âmes vaillantes, fortes pour le sacrifice, héroïques dans leur simplicité charmante ; mais que de douleurs dans l'attente de la séparation ! La main de Dieu, toujours étendue sur cette demeure bénie, avait encore pour le départ simplifié les difficultés. Des personnes amies, obligées récemment par les sœurs de la Croix, s'en souvinrent à cette heure, et offrirent de procurer des laissez-passer pouvant remplacer les passeports ; il n'y avait plus qu'à partir (1).

Le 15 avril, veille du triste départ, les costumes sont disposés, essayés. Le lendemain, dès trois heures du matin, toute la maison était sur pied ; on allait, on venait ; plusieurs dames se prêtent pour affubler les sœurs de chapeaux et de voilettes. Les toilettes achevées, on se regarde sans presque se reconnaître ; puis, l'émotion gagnant tous les cœurs, on ne pense plus qu'aux douleurs de la séparation : une fois encore, pauvres sœurs, comme elles souffraient !

Le saint sacrifice fut célébré, à quatre heures du matin, par M. l'aumônier, dont le départ avait aussi été arrêté, non sans motifs, comme on le verra plus tard. Les stalles monastiques furent occupées par la communauté méconnaissable. Je n'oublierai jamais ce tableau, dont aucune expression ne saurait donner une idée assez vraie. Cette vue imprimait au cœur une émotion indicible. La sœur Assistante et ses neuf compagnes n'avaient point changé de costume (il n'y avait pas nécessité ce jour-là).

L'heure fatale avait sonné... Les exilées devaient

(1) On désigna pour l'exil : la sœur Dorothée, supérieure, qui était particulièrement menacée par la Commune, comme toutes les supérieures. Elle fut accompagnée des sœurs : Marie-Agnès, Marie-Scholastique, Cœur-de-Marie, Saint-François-d'Assise, Saint-Jean-Baptiste, Marie-de-la-Croix, Marie-du-Calvaire, L'Ange-Gardien, Marie-Joseph, Marie-Stanislas, Marie-Augustin, Marie-Marthe, Marie-Cécile, et deux novices : Marie-Germaine et Saint-Dominique.

Restaient à Paris : les sœurs Saint-Ange, Assistante, Marie-Agathe, Saint-Vincent-de-Paul, Marie-Euphrasie, Marie-Victoire, Saint-Yves, Saint-Joachim, Marie-Geneviève, Saint-Denis, Marie-Véronique.

Les autres sœurs de la communauté étaient, à la maison de Saint-Brieuc : Marie-Arsène, Saint-François-de-Sales, Marie-des-Séraphins, Marie-Xavier, Saint-Pierre, Marie-Catherine, Marie-Hélène, Marie-Eulalie et Marie-de-Jésus, novice.

abandonner le cloître pour y laisser leurs sœurs aimées. Pourraient-elles traverser Paris sans être arrêtées? Se reverrait-on jamais? Le Seigneur ne se choisirait-il pas aussi quelques martyres parmi ses filles de la Croix!!!... Que pouvait-on espérer? mais, plutôt, que devait-on craindre, sous ce règne de terreur et de sang?... Les instants des adieux, toujours si courts, furent un temps de vœux, de prières, de promesses, de tendre dévouement et de bénédictions! Famille sainte, dont les larmes touchèrent le cœur de Dieu, puisqu'il la conserva et la réunit de nouveau par un prodige de sa toute-puissante bonté.

On se sépare, enfin! A cet instant suprême, les sanglots éclatent et brisent tous ces cœurs oppressés.

Des pleurs abondants et bien amers s'échappent de tous les yeux; on se serre les mains, on s'embrasse, on se regarde avec accablement, on ne se parle plus. Les forces physiques étaient épuisées, mais l'âme était en haut : *Sursum corda*. J'accompagne les dernières de nos sœurs jusqu'à la rue. Prêtes à sortir, nous nous trouvons avec M. l'aumônier; nos sœurs tombent à genoux, et demandent une dernière bénédiction à leur Père. Cette minute dut être marquée d'une lettre d'or dans le ciel... elle fut tout un siècle d'angoisses sur la terre!!!... On s'était dispersé dar groupes pour le trajet si long à parcourir; on ne devait se faire remarquer que le moins possible. Deux dames pensionnaires accompagnaient nos sœurs, et l'une d'elles, Mlle Acher, les conduisait à la résidence qu'elle leur avait trouvée. Chaque voyageuse portait son petit paquet. Hélas! ce fut toute une affaire, que ces emballages faits d'une main tremblante, se détachant en pleine rue. L'attention fut mise en éveil; les passants s'arrêtaient, se demandant ce qu'étaient toutes ces personnes mal mises, gênées, inquiètes, tristes.

Les revendeuses des trottoirs, au langage si pittoresque, n'épargnaient pas les pauvres travesties qui fuyaient, baissant la tête sous ces propos grossiers... Il fallait presser la marche et sortir au plus vite de tous ces embarras. Celui qu'on ne pouvait pas éviter était une pluie torrentielle qui entravait la marche si pénible déjà. Les chaussures étaient détrempées, et les larges flaques d'eau qui inondaient les rues étaient épongées par les robes trop longues qui s'y trempaient. Ainsi on arriva à la gare déjà rompu de fatigue, sans compter le reste. Les personnes amies et les dames dont j'ai parlé furent des protectrices fort précieuses pour nos bonnes sœurs, qui purent, malgré les mines farouches des gardes nationaux, monter en wagons sans autre accident, pour l'instant.

Le sifflet strident et aigre annonçant le départ du train, on le sentit bientôt s'ébranler, s'éloigner de la grande et malheureuse ville!... Un dernier regard, un dernier soupir d'adieu, et l'on put dire : tout est consommé. Je demeurai donc au couvent avec la sœur Assistante et nos sœurs, me promettant de ne point les quitter tant que le danger serait imminent. Après tant de tourmentes, de douleurs partagées, un impérieux besoin du cœur me pressait de retrouver notre bonne Mère et nos sœurs aimées... puisque le même malheur devait resserrer entre nous les liens de la meilleure affection et de la plus tendre charité. Rentrée sous la galerie, mes regards attristés cherchaient celles que je voulais revoir. Cette demeure semblait un vaste tombeau ; il n'y avait de vie nulle part... Après quelques recherches inutiles, j'avise la sacristie et j'entre : Notre pauvre mère Assistante, plutôt prosternée qu'assise, son chapelet en mains, priait et plourait si abondamment que j'en restai saisie... En présence d'une angoisse si déchirante, que dire ? Quel immuable attachement se révélait dans cette douleur ! Que les mondains auraient été frappés de voir cette touchante union des âmes religieuses ! Cette famille de Dieu se trouvait séparée, et cependant unie plus étroitement en Celui qui l'éprouvait ! J'appelai Dieu au secours de cette âme que je connaissais pourtant si forte et si admirablement trempée, qui semblait défaillir à cette heure infortunée ! ! !

Notre doux Sauveur au jardin des Olives, en proie à l'agonie la plus douloureuse, se plaignit de faiblesse et de défaillance... Il permet bien parfois que ses créatures les plus privilégiées cèdent aux entraînements d'une extrême douleur.

Ne sachant trouver aucune consolation pour notre chère sœur Assistante, je ne fis que pleurer avec elle, et toutes nous nous regardions à travers nos larmes.

M. l'aumônier était parti... Trouverait-on un prêtre qui voudrait nous dire la sainte messe et nous conserverait le Dieu du tabernacle !

III

Ici commence une période nouvelle et toute providentielle, tellement que les événements qui vont suivre sont marqués au coin de la bénédiction divine; on n'y peut méconnaître une main paternelle conduisant tout. Dieu s'est servi d'une de ses âmes privilégiées pour détourner la tourmente du toit qui l'abritait; il l'inspirait, la soutenait en présence des ennemis redoutables qu'il fallait combattre et éloigner! La voix maternelle qui commandait en ces heures de périls et d'horreurs, trouvait des paroles d'encouragement, de bonté, de prudence, de sagesse; prévoyait tout, répondait à tout, consolait, fortifiait et surnaturalisait les événements, les présentait toujours sous l'égide du Maître des destinées humaines.

Les nouveaux devoirs qu'avait à remplir la sœur Assistante, comme supérieure de cette petite communauté, et les divers intérêts à ménager, l'obligeaient à sortir, en apparence du moins, de sa légitime tristesse. Trouver un prêtre pour offrir le saint sacrifice dans cette modeste chapelle, devint sa plus ardente préoccupation. Il fallait sortir, quitter l'habit religieux, nouvelle peine. Je choisis dans mes effets ce que j'avais de plus à la convenance de notre bonne Mère, et la nouvelle dame était à l'aise sous son travestissement... Mais, oh! déception; je n'avais fait que rouvrir une plaie saignante et causer une nouvelle souffrance! Ses sœurs ne venaient-elles pas de partir sous ce déguisement? j'étais moi-même vivement affectée de tout ce qui se produisait, et j'avais dû faire un énergique effort pour surmonter mon émotion.

Le départ de nos sœurs s'étant fait le dimanche, et la sœur Assistante n'ayant pas eu la sainte messe entière, nous allâmes chez les Lazaristes, et de là à la recherche du P. R., qui nous échappait sans cesse, grâce à divers appartements que l'amitié et la charité avaient mis à sa disposition, et dont il profitait, selon le danger présent. Il fallait chercher ailleurs.

Depuis la fermeture de la maison des R. P. Maristes, je m'adressai à un P. Lazariste, précisément un ancien compatriote, ami de ma famille. Le bon Père André, tout dévoué, voulut bien demander les permissions nécessaires pour venir nous assister, ce qu'il fit avec la plus parfaite charité. Bravant tous les dangers de cette sanglante persécution, ne se souciant ni des menaces, ni des injures des bourreaux du clergé, ce Père nous arrivait toujours le sourire sur les lèvres, apportant la paix du Seigneur. Parfois, portant sur son cœur ce Dieu d'amour, lorsque nous n'avions pas ici la sainte messe et que les saintes hosties étaient consacrées ailleurs ! ce fut ainsi que pendant quinze jours, à six heures du matin, le Père arrivait, donnait la sainte communion, sa bénédiction, et portait ailleurs encore ses consolations encourageantes. La sœur Assistante ayant obtenu la sainte messe trois fois la semaine, et le salut chaque soir du mois de Marie, nous devions réellement rendre mille fois grâces au Dieu des miséricordes, qui nous comblait de tant de douceurs. Les jours où la sainte messe nous manquait, on récitait le rosaire et l'on faisait le chemin de la croix. Entre ces exercices, un silence doux et mystérieux laissait aller droit au tabernacle où s'établissaient ces confidences cœur à cœur avec l'intime Consolateur ! ! Le Sauveur avait pour cette pauvre petite famille déshéritée, des secrets d'amoureuse tendresse. Les deux heures et demie qui s'écoulaient, de cinq heures et demie à huit heures, étaient délicieuses de prière et de paix ! ! La séparation qu'elles mettaient entre nous et les agitations de la grande ville, semblaient devoir durer toujours, tellement ce sanctuaire si privilégié avait de charmes ! Tout était à Dieu, tout était pour Dieu !... Nous appelions gaiement cette séance sainte : la messe de la sœur Assistante, et parfois, pour la faire sourire, nous ajoutions : « Vous la dites longue, votre messe, chère Mère ! ! ! » Le Père, nous faisait, autant qu'il le pouvait, de petites instructions, toujours très-goûtées, très-désirées... Cette communauté était à peu près la seule que la Providence gâtât ainsi. Les sœurs ont pu continuer de faire l'école à leurs petites filles pauvres jusqu'à l'entrée de l'armée. Une dame fut choisie par la commune pour prendre la direction de l'école le 22 mai.

Je ne finirais pas si j'osais laisser courir ma plume, brûlant de citer chaque fait, chaque émotion, les merveilles de foi qui faisaient bondir d'amoureuse reconnaissance les cœurs vraiment heureux du règne de Dieu ! ! A côté du mal se trouvait l'extrême bien, procurant la gloire du Très-Haut, et la constante perpétuité de l'Église, se fortifiant par la lutte et s'enrichissant par les miracles qui l'illustrent.

Combien j'ai béni et remercié Dieu d'avoir permis que je visse une persécution de son Eglise sainte. J'ai compris plus que jamais, en ces temps, que les trésors de la foi sont les seuls vrais, les seuls désirables, et qu'ils peuvent suffire pour remplir abondamment toute une vie de béatitude ! Oh ! chère retraite de mon Sauveur ! j'ai goûté dans ces murs le seul bonheur possible sur la terre, la paix dans son amour.

Les nouvelles de la pauvre communauté exilée nous arrivaient assez régulièrement, et toujours par occasion (le ciel les procurait). Les santés étaient bonnes, sauf quelques-unes ; mais les nécessités étaient grandes, tout manquait, et c'était ici un grand sujet de tristesse. M. l'abbé Dufraisse, curé de Bois-d'Arcy, et plusieurs bonnes familles avaient généreusement ouvert leurs maisons aux sœurs, les familles Chicot, Pinson et Seurin venaient à leur secours le plus possible, mais le pays venait de subir les réquisitions des Prussiens. Les lettres si désirées, attendues avec une si affectueuse impatience, produisaient chaque fois d'abondantes larmes... On se réunissait, on lisait, on relisait ces pages, on repliait les lettres, on les empochait pour un instant ; à la récréation suivante, on retirait le bien-aimé pli, puis on relisait comme pour la première fois, et l'on s'inspirait des moyens d'expédier les choses les plus nécessaires, les lits d'abord, quelques provisions, et enfin les ustensiles les plus indispensables dans un ménage.

Notre mère Assistante trouverait des moyens à elle, nous en avions la confiance : d'abord les lits, les couvertures, le linge. Les matelas ouverts recevraient des bouteilles de vin qui se trouveraient protégées par le moelleux de la laine... puis on roulerait ces matelas et on les fixerait serrés par les bouts. Du linge, entre ses plis, cachait du petit salé. Des bols devant servir pour boire étaient renversés dans des paniers et contenaient du beurre.

A chaque envoi, à chaque difficulté, une inspiration nouvelle venait prouver que le cœur attaché et dévoué ne connaît ni les difficultés ni les obstacles ; ce qu'il veut, il le peut !... Vous direz avec moi, mes bonnes sœurs, car vous l'avez toujours pensé, que votre chère sœur Assistante était, de loin, de près, la providence ou l'envoyee de cette bonne Providence, pour votre communauté !... Si cette réflexion ne devait pas être le témoignage d'une reconnaissance partagée, je m'en abstiendrais; mais, comme Dieu me l'inspire, je la crois fondée et accueillie par toutes.

L'ambulance avait été rétablie à la place première; c'était d'une bonne politique; il n'y avait que deux malades et deux blessés, gardes nationaux assez grossiers les premiers jours. Les médecins qui les visitaient se montraient très-bienveillants pour le couvent. Il venait aussi des inspecteurs de la Commune, froids et hostiles à leur arrivée, mais polis au départ. La sœur Assistante recevait tout son monde avec la tranquillité des bons jours; et tous ces beaux messieurs qui visaient à l'effet, se trouvaient tout étonnés de n'en avoir pas produit, et de n'avoir fait peur ni aux grands, ni aux petits. Un événement qui jeta l'effroi dans le quartier ne tarda pas à arriver. L'expulsion des sœurs de Saint-Vincent-de-Paul, de Vaugirard, venait d'être annoncée à midi, et à cinq heures du soir, il ne devait rester trace de cette petite communauté, sous ce toit devenu propriété de la Commune. A cette annonce si brusque, il fallait des moyens précipités pour enlever le mobilier des sœurs et faire maison nette. A midi quelques minutes, la sœur sacristine, fille de Saint-Vincent, nous arrive, le front couvert de tristesse, mais rayonnant pourtant sous ce nuage terrestre, et semblant s'illuminer. Qu'était-ce donc? Cette sœur demande la sœur Assistante, et notre bonne Mère l'ayant reçue aussitôt, quelques mots à voix basse s'échangent entre elles, et, le secret révélé, les deux religieuses se rendent à la chapelle... La digne fille de Saint-Vincent venait mettre à l'abri, dans ce sanctuaire, son Dieu exposé chez elle aux fureurs des envahisseurs ! Comme cette âme devait tressaillir et adorer, en transportant le Jésus bien-aimé de son cœur ! !

Ce jour aux accablants et religieux souvenirs nous impressionnait fortement, surtout par la part que nous prenions aux profonds chagrins de nos si malheureuses sœurs.

IV

Le 17 mai, les événements avaient suivi leur marche tragique. Tout était désolant. La grande ville si bruyante, si peuplée, si active, toujours, semblait déserte ; c'est qu'aussi chacun fuyait cette immense Babylone qui n'était plus vivante que par le rappel des fédérés et le déplacement de leurs troupes. Les canons tonnaient des forts et de la place. Les mitrailleuses décochaient leurs traits précipités, et les fusillades furieuses et incessantes du soir frappaient les échos les plus lointains.

A la date signalée, veille de l'Ascension, à cinq heures du matin, la sonnette si redoutable annonçait une visite trop matinale. Une sœur converse accourt ; elle ouvre à huit personnages ; vous les devinez, n'est-ce pas ? c'étaient des communeux chefs ; cette fois, c'était plus solennel ; deux d'entre eux portaient des écharpes rouges ; trois moins élevés en dignité n'avaient aucun signe distinct. Ces cinq personnages entrent en laissant trois valets à la porte pour garder les entrées sur la rue. C'était tout simplement des

délégués du comité central de la Commune. Ils auraient voulu, je pense, accoler à ces noms mal sonnants
deux ou trois autres titres plus respectables ; mais ils
n'en trouvèrent pas, et la sœur portière se trouvait
amplement satisfaite des qualités et titres énoncés pour
en être passablement troublée... L'un de ces messieurs
prenant la parole : « Est-ce ici les sœurs Bretonnes?
— Oui, Monsieur. — Et l'aumônier, ajoute-t-il? — Il
n'y est pas, Monsieur, répond la sœur.—Il n'y est pas?
—Non, il n'y est pas, Monsieur; mais je vais prévenir. » En s'opposant à son départ, un des délégués
de la Commune dit à l'un de ceux qui l'accompagnaient : « Allez avec cette femme, qu'elle ne soit pas
seule. »

La sœur et son escorte montent : arrivée à la porte
de la sœur Assistante, elle frappe, et une main de
l'intérieur ouvre bientôt. « Ma sœur, dit celle qui avait
frappé, on vous demande... s'il vous plaît. — Quand je
serai habillée. » Et après un rapide examen de l'homme
qui l'attendait, la sœur Assistante ferme sa porte, qui
frappe bruyamment au nez de l'importun... Il attendit
le bon plaisir de sa prisonnière.

Notre pauvre mère avait à peine achevé sa toilette,
elle avait en même temps examiné attentivement les
envoyés de la Commune qui s'étaient arrêtés sous ses
fenêtres, et cet examen lui avait inspiré de fort tristes
réflexions. Prenant sa règle sainte, elle se demandait
si elle n'était pas destinée à l'avoir pour compagne,
dans un cachot... l'heure était venue, sans doute, de
faire appel à tout son courage, à toute sa résignation,
à toute sa confiance dans le divin Maître. Mais quelles
que soient la force et la vertu de ces fortifiants sur les

humains, le cœur s'affaiblit quelquefois un instant...
Peut-être suis-je téméraire d'analyser des pensées
qu'on ne m'a pas dites. Mais mon excuse sera dans
la révélation qui se fait dans mon esprit en faveur
de celle que je sais capable des plus grands sacrifices,
et qui a dû recevoir d'en haut à cet instant suprême
une vision des anges, comme Dieu en envoie à ses
martyrs, pour les soutenir et les porter sur leurs
ailes! Je me suis éloignée de mon sujet en quittant
cette terre désolée pour monter au ciel; j'en redes-
cends. Je trouve la sœur Assistante, en face de son
gardien, elle lui dit : Que voulez-vous, Monsieur?
— Descendez, Madame. C'était sa consigne. Les
messieurs de la galerie n'avaient pas eu la patience
d'attendre le retour de leur envoyé; ils s'étaient di-
rigés du côté de l'ambulance, et sur leur passage ils
trouvent une sœur portant une tasse de tisane; ils ar-
rêtent la sœur et la tisane, en disant : Nous avons une
mission à remplir, et nous ne voulons aucune communication entre les personnes de la maison; puis ils
poursuivent leur chemin. Arrivés à l'ambulance, ils
questionnent le garçon sur les sœurs, sur l'aumônier;
la réponse à ce sujet est invariable : M. Huchet n'y est
pas. N'apprenant rien de plus, les délégués reviennent
au point de départ, où se fit la rencontre avec la sœur
assistante, qui n'eut besoin de personne pour la pré-
senter; s'approchant des communards, et saluant avec
aplomb : « Que voulez-vous, Messieurs? — M. Huchet,
votre aumônier. — Il n'y est pas, Messieurs. — Il y
est, reprennent ces messieurs. — Il n'y est pas, dit un
peu plus haut la sœur assistante. — Les sœurs mentent,
ajoutent ces hommes, car on nous a dit l'avoir vu il y

a huit jours.— On ne l'a pas plus vu il y a huit jours que quinze, que trois semaines; puisqu'il y a eu hier un mois, jour pour jour, que M. Huchet est parti. Et si vous voulez savoir l'heure, dit la sœur Assistante avec une certaine vivacité, et très-convaincue; je puis vous la dire. J'ignore complétement où il est; peut-être dans sa famille, ou ailleurs... » Ces messieurs lancent le mot : A Versailles, sans doute. Je ne puis pas vous le dire, Messieurs; mais je ne le pense pas. Et la sœur Assistante ne craint pas de donner aux délégués connaissance d'une lettre que voici : « M. l'abbé Huchet est en sûreté, chez un ami, il se porte bien et il vous fait ses compliments. » Aucune signature n'accompagnait ce petit mot. Après cette affirmation si claire, l'interrogatoire n'avait plus raison d'être continué sur ce sujet, alors le même commissaire, déployant un papier, dit : ordre d'arrestation et de perquisition chez les Sœurs de la Croix; — et il avance le papier à la sœur qui répond : oui, Messieurs, je vais vous donner les clefs, ou je vous accompagnerai, ce sera comme vous voudrez. Ils reprennent plus bas : vous nous accompagnerez, ma sœur. Celle-ci répond, pour la seconde fois : comme vous voudrez, Messieurs; puis elle porte la main à ses clefs, comme pour les leur remettre, mais elle les garda; ces messieurs pensaient sans doute à autre chose, ils ne répondirent plus. La sœur assistante reprend : si vous voulez, Messieurs, que je prévienne nos sœurs et nos dames pensionnaires, avant que vous alliez chez elles; ce serait convenable, je pense? Oui, dirent-ils. Hé bien ! Messieurs, avec votre permission, et s'inclinant gracieusement : Je vais y aller, dit la Mère. Les commissaires s'étaient déjà beaucoup modifiés, puisque nous les trouvons si confiants vis-à-vis de la sœur assistante, qu'ils autorisent à aller seule prévenir son monde, quand au début ils s'étaient annoncés beaucoup moins faciles, ne permettant aucune communication entre les sœurs et autres.

Restés ensemble, les délégués se concertent ; puis interpellant une sœur, deux de ces messieurs l'obligent à les conduire chez M. l'aumônier ; « je n'ai pas de clef, dit cette sœur. » Conduisez-nous toujours à la porte, dirent ces hommes, et vous irez chercher la clef ; ce qui fut fait, et pendant ce temps les gardiens de la porte visaient le trou de la serrure, pour s'assurer que l'oiseau ne leur échappait pas. Ils n'avaient donc pas bien cru ce qui leur avait été affirmé avec tant de vérité.

Enfin la clef, objet d'une si grande et si ardente convoitise, arrive, la porte s'ouvre, et personne ne paraît ; alors commence la perquisition avec détails. On ouvre le lit, pour s'assurer s'il est froid ou chaud. On touche à chaque papier et on les ramasse ; les billets de saint Joseph, les scapulaires ; à chaque objet, ces pillards disaient : Ceci est bon pour Trochu, voici pour les puritains de Versailles ; ceci, cela, etc., nous le conserverons, cela nous portera peut-être bonheur... Ils prenaient des airs de conquérants, ces messieurs de la Commune, en faisant leurs réflexions. Que dirait notre aumônier s'il nous voyait chez lui ? Voilà son bidon pour le champ de bataille pendant le siége. (C'était son crime.) Vous lui direz, ma sœur, ce que nous avons fait, s'il revient... oui, répond l'autre, si des temps meilleurs reviennent pour lui... Ils faisaient des paquets et emportaient tout, mais rien de bien important, car les dévotions devaient peu leur servir, du moins on pouvait le croire, et leur visite avait été prévue.

Nous avons laissé la sœur assistante profiter de la liberté qui lui avait été accordée pour parcourir lestement les escaliers, montant d'un côté, redescendant de l'autre, enlevant l'ostensoir, le calice (les saintes hosties étaient disposées comme chaque matin dans le tabernacle, il n'y eut pas communion ce jour-là, on le pense facilement). Après donc que tout était prévu et son monde prévenu, notre Mère vient retrouver ses fameux acolytes; les abordant et les saluant, elle leur dit : me voici, Messieurs, à votre disposition; par où allons-nous commencer? par un bout, et nous finirons par l'autre. Avant cela, je m'étais trouvée sur le chemin de notre mère pour être réveillée, puis elle m'avait remis des papiers et différents objets à serrer, à cacher plutôt; ce qui m'embarrassait fort, n'ayant aucun coin dans ma chambre. Près de moi habitait une vieille dame, que j'allai trouver ; elle était restée dans un demi-sommeil, ce dont je profitai pour glisser sous son dos, entre ses matelas, le dépôt qui m'était fait, et qui passa ainsi à l'état d'oreiller et devint invisible... puis je rassurai ma libératrice, et je descendis.

Il est entendu que la perquisition se fait en ce moment, elle commence par la chapelle. Chère petite chapelle! elle fut bientôt inventoriée, le seul trésor qu'elle renferme n'avait heureusement aucun prix pour ces hommes avides d'or et de sang... Eh bien! ces profanateurs des lieux saints se découvrirent, dans ce modeste sanctuaire. Saint Joseph était là, pour le faire respecter. On passe à la sacristie; les armoires et le vestiaire ouverts laissent voir peu de richesses. La

Mère Assistante explique à propos, comme toujours, les circonstances du premier siége, ce qui donnait raison au vide de s'être fait. Une dernière armoire était même restée fermée, sans que ces messieurs daignassent en faire l'inventaire. On continue, en remontant au cinquième, afin de parcourir tous les étages. Ce début était peu avantageux; de simples dortoirs sans meubles et quelques pauvres jeunes filles, sans argent, très-affligées, très-soucieuses d'une visite aussi intempestive; on descend au quatrième. Ces appartements semblaient mériter un peu plus d'attention des visiteurs, qui observent que l'ambulance y pourrait être avantageusement placée. A cela, la sœur assistante réplique à ces messieurs, et sans gêne aucune : vous feriez bien mieux de remplir l'ambulance du rez-de-chaussée; il serait plus commode d'y soigner vos blessés que de monter au quatrième étage. Sur l'escalier du quatrième au troisième se retrouvent les deux délégués qui avaient inventorié chez M. l'aumônier; ces messieurs se rapprochent tous pour parler de leurs affaires. Eh bien ! dit l'un des commissaires qui accompagnaient la sœur, as-tu trouvé quelque chose de suspect ? Non, répondit l'autre, je t'avais bien dit que c'est une maison honnête, je regrette d'avoir dérangé ces sœurs de si bonne heure.

Après cette conversation, notre Mère leur offre d'entrer dans le dortoir des bonnes de la maison, ce qui est refusé... Non, ma sœur, dirent ces messieurs, c'est pareil partout. Il vous reste encore deux étages, messieurs; pour éviter de remonter, entrez donc. Oh! non, ma sœur, nous nous en rapportons bien à vous, disent-ils à la sœur assistante. Alors, messieurs, vous allez me faire le plaisir de goûter notre vin, pour nous dire s'il est bon. Ce disant, en maîtresse de maison, elle descend la première, pour conduire ses invités au réfectoire; débouche une bouteille de vin et remplit les verres.

Sur la table étaient du beurre et du fromage. La maîtresse de la maison se place au haut de la table, les deux commissaires de chaque côté, et les autres messieurs à la suite. Les visages avaient totalement changé d'expression; ces hommes devenus polis et souriants semblaient heureux de se reposer dans une douce tranquillité, et comme si un charme eût réagi sur eux, la métamorphose devint complète... l'expansion se faisait de plus en plus dans les conversations. Nous avions ordre du préfet, dirent-ils, de venir à minuit, c'eût été la troisième nuit passée hors du lit; nous nous sommes concertés pour ne venir qu'à quatre heures; ne nous pressant pas, nous avons retardé encore, car, vraiment, déranger des femmes la nuit, on ne devrait pas... Il n'est pas probable que ces pensées fussent celles de ces messieurs à leur arrivée, le vent avait tourné, le déjeûner faisait plaisir Un autre auxiliaire plus puissant, il faut le croire, avait eu une plus large influence que tout le reste... l'influence divine toujours!

Le café se prenait pour la fin; tout en devisant, notre Mère, maintenant l'hospitalité écossaise, doublait les rations, y ajoutait un peu d'excitant qui ne nuisait pas à la verve des délégués, et remerciait ceux-ci des procédés dont ils avaient usé, en choisissant une heure convenable. Ces messieurs font étalage des précautions prises par eux, pour éviter les commentaires du quartier. Cela me serait fort indifférent que l'on sût ce qui se passe ici ; on est venu la semaine dernière, poursuit la sœur assistante, savoir s'il était vrai que nous étions renvoyées. Celui qui me renverrait me rendrait service, en me déchargeant d'un loyer de 30 mille francs, et d'une dette de 80 mille francs. On ne vous renverra pas, ma sœur, reprennent les commissaires, seulement vous aurez des blessés à soigner.

Le repas tirait à sa fin ; ces messieurs craignaient que l'on ne se plaignît d'eux, ils faisaient valoir toute leur délicatesse, surtout ils tenaient à s'excuser sur un fait récent, devant à nos yeux entacher leur réputation : leurs farouches excès vis-à-vis des religieuses d'Auteuil ; mais aussi, disaient-ils, voilà des religieuses qui s'attirent des désagréments, en donnant des signalements contre nous aux bataillons ennemis ! (ils parlaient de l'armée de Versailles) délits irrémisisbles, que les représentants de ladite Commune devaient châtier certainement. Ma sœur Assistante réplique en souriant : Ce n'est pas la spécialité des religieuses de faire la guerre ; elles n'ont pas mission de régler les débats politiques. La proposition est adoptée. Une dernière rasade clot l'entretien, elle fut forte. O ma sœur, dirent ceux que l'on servait ainsi : c'est beaucoup... Cela vaut bien une goutte de plus pour avoir attendu jusqu'à cinq heures, dit la sœur Assistante, riant bien cette fois. La représentation étant terminée, les adieux réciproques s'échangèrent on ne peut plus civilement ; on s'excuse et on se sépare enfin à sept heures et demie. Plus de deux heures et demie s'étaient écoulées, et ces heures si pleines d'événements divers avaient plus que doublé leur durée. Au dernier salut et au dernier regret témoigné par ces messieurs, la sœur assistante répondait tout bas : pourvu qu'ils ne reviennent plus. Quelle procession on avait faite et quelles litanies s'étaient chantées. Nous nous regardions toutes en nous retrouvant libres ; on ne comptait point de morts.

Nos prières n'étaient pas faites, et quel bonheur de se précipiter dans la petite demeure du bon Dieu pour y prier et y remercier !... On n'y perdit rien, ni le bon Dieu non plus, pour avoir attendu... La messe de la sœur assistante fut longue, je vous assure ; sa dévotion était si forte et si étendue, qu'on oubliait le déjeuner ; eh bien ! je m'en serais volontiers passée une heure de plus, si j'avais eu un grand orgue sous les doigts, j'en aurais tiré tous les jeux, pour faire chanter un bon *Te Deum* solennel !!!

V

Après la visite si orageuse dont le récit précède, incidents si variés, il n'est pas permis de douter d'une intervention divine. L'étrangeté des faits prouve que cette communauté était évidemment gardée, préservée par une puissance mystérieuse. La Commune n'avait pas encore rugi avec autant de férocité et de démence qu'en ces derniers jours, à jamais mémorables, de deuil national !

La canonnade se continuait plus tonnante et plus pressée encore... Tout était en désarroi. La tristesse, le découragement se lisaient sur tous les fronts ! Pauvre population décimée, si vous saviez recourir au seigneur

Dieu, il vous sauverait et vous empêcherait d'ajouter foi aux mensonges des imposteurs qui vous trompent. Priez, le front dans la poussière et les mains suppliantes vers le ciel ! Ne croyez-vous plus à cette promesse : Demandez et vous recevrez... O peuples, vous ne priez plus, vous ne demandez plus. Dieu se cache pour que vous le cherchiez. Il vous attend pour vous pardonner et vous bénir ! Mais non... votre orgueil vous arrête, et grâce ne vous sera pas faite encore ! Le péril devenait imminent pour tout ce qui était de Dieu et appartenait à Dieu. Nous le savions, nous le comprenions, il fallait se préparer à mourir. Mais qu'est-ce que la mort pour une âme chrétienne? C'est la résurrection, c'est la vie! La terre vaut si peu, le ciel est si beau ! Le martyre y conduit, quel bonheur ! Notre pauvre et chétive nature ne suit pas toujours les impulsions chaleureuses de notre âme, son élan vers le Dieu d'amour. Hélas ! elle appartient à la terre et se traîne péniblement, entravée sans cesse par mille puérilités. En y réfléchissant, l'orgueil en est confondu. Il y avait donc encore de la souffrance et beaucoup de souffrance dans tous les cœurs. Des secousses, des émotions, des peurs... Nous ne sommes que de faibles créatures et non des anges. Le départ ou plutôt l'expulsion des sœurs de Saint-Vincent de Paul avait été terrifiante. Qui n'a pas vu cette file d'omnibus remplis de ces filles de la charité attendant le départ; qui n'a pas entendu les clameurs, les malédictions contre les auteurs de ces monstruosités, n'a pas l'idée de la terreur, du dégoût, de la douleur que ressentaient les cœurs justes et bons !

On sentait la fin des événements, un semblable état

de choses ne pouvant durer, mais il était difficile d'en apprécier au juste le terme ; on ne savait pas que l'enceinte de Paris battue en brèche dût être ouverte le 21 — tout s'était précipité dans ces derniers jours, tant à l'intérieur qu'au dehors, avec une rapidité extrême. Lundi 22, à 6 heures du matin, nous étions à la chapelle, quand un signe nous apprend que l'armée de Versailles est entrée dans Paris... La France reprenait sa capitale. Nous rayonnions de bonheur et d'espérance. Que d'élévations de cœurs à Dieu, que d'actions de grâces ! Une pensée néanmoins contenait la joie... On attendait la guerre dans les rues, la guerre civile, c'est-à-dire cette lutte corps à corps, entre des frères ennemis. Oh ! terrible nécessité de ces temps malheureux ! Quel est le crime des auteurs de ces horribles massacres ! Pendant que les uns s'entre-tuaient, d'autres priaient pour le salut de la France, et plus encore pour celui de l'Église sainte, et de son chef vénéré, modèle admirable au milieu de ses angoisses. Fortes de ces dispositions, nous attendions la volonté divine : *fiat, fiat...*

A 9 heures du matin, commence la fusillade, dont nous étions le centre, car elle partait du boulevard, du côté de Vaugirard, de notre rue même, de la rue de Sèvres ; nous étions enveloppées de toutes parts par des feux roulants, des coups isolés... Les mitrailleuses des barricades les plus rapprochées de nous décochaient contre nos murs leurs projectiles meurtriers.

Ce fracas de tant de détonations à la fois était étourdissant. Les pauvres jeunes filles de l'ouvroir se précipitent pour la plupart dans la chapelle, où elles laissent échapper des cris de terreur. La Mère assistante occupée à la sacristie entend ces plaintes de détresse, et s'avançant jusque dans le sanctuaire, elle exhorte d'un accent doux et pénétré ces jeunes filles à la prière et à la confiance, sous le regard de Dieu !

Celles qui étaient restées à l'ouvroir avaient rejoint les premières, et toutes avaient profité du petit sermon, fort bien réussi, du prédicateur improvisé, dont l'heureuse et chaleureuse inspiration avait presque fait des anges. Quelle dévotion ! un peu produite par la peur, cela est vrai ; mais il est certain, malgré tout, qu'on s'en souvient ! ! !

Nos sœurs priaient au chœur dans ce moment, et notre pauvre Mère eût bien voulu aussi prier. C'est qu'il y avait autre chose à faire que de rester prosternées. L'emploi de Marie doit être remplacé parfois par celui de Marthe, et c'est ce que fit mère Assistante. Prenant son parti, elle se dit, que pour ce jour-là, le plus pressant était de courir partout, fermer toutes les ouvertures, blinder les plus exposées, et enfin, mettre la forteresse en état de soutenir le siége. Nous étions si bien assiégées, que la maison était inabordable ; les provisions et le pain n'y arrivèrent pas ; tout était pour le mieux, l'odeur de la poudre nous nourrissait presque assez.

La journée du 22 fut si orageuse que le soir nous aurions eu un grand besoin de nos lits ; mais il était très-dangereux de se coucher, car on risquait fort de ne pas se relever. Nous en étions là de nos réflexions, quand j'entends sonner. Je le dis à la mère Assistante. N'ouvrez pas, me dit-elle tout bas. On sonne de nouveau. La pensée des fédérés traqués par les soldats nous vient. Alors on se garde bien d'ouvrir. Attendez, dit mère Assistante, que je m'assure, n'ouvrez pas, et elle va reconnaître les soldats. Au même instant, on dit du dehors : Ouvrez, ou l'on brise la porte, et l'on passe tout par les armes. J'ouvre le guichet pour répondre que je n'avais pas les clefs et qu'on allait les apporter. Notre Mère, redescendue et rassurée, ouvre en souhaitant très-chaleureusement la bien-venue à ces messieurs (c'était la troupe de Versailles). Le commandant resta interdit en se trouvant en face d'une religieuse qui le reçoit si sympathiquement. Du reste, il expia, par la plus chevaleresque gracieuseté, le petit emportement dont il fit des excuses on ne peut mieux acceptées. Un poste de plus de cent hommes venait occuper le couvent dont la porte restait ouverte (chose bien rare); mais à la guerre comme à la guerre. Le commandant rassure notre mère Assistante en lui disant: « Je réponds de la porte, ma sœur. Nous vous gardons, vous pourrez dormir tranquilles, et deux sentinelles sont placées aux postes avancés. » Pendant ce temps, les autres hommes de la compagnie montaient au 4ᵉ, où ils devaient camper, pour suivre les manœuvres des fédérés, qui les visaient et tiraient dans l'ombre.

Mère Assistante avait pris les devants, parlementait avec les chefs, indiquait le logement à chacun, faisait tout organiser; nos sœurs et moi nous montions munies de lanternes, de bougies, pour éclairer la marche. Précaution devenue instantanément superflue; la maison était illuminée, la lumière se réflétait sur tous les murs et les bâtiments des cours. Le cri sinistre : Au feu, éclate! Les soldats disaient en montant : « Est-ce qu'on nous a fait venir ici pour être grillés comme des rats dans une souricière. »

Cette illusion ne dura que peu de minutes, et n'é-
tait qu'un effet d'optique ; c'était bien un incendie,
mais d'une maison du boulevard, en face.

Les reflots do ces flammes étaient si vifs, que tout
semblait clair. Il était fort tard lorsque notre gar-
nison fut installée. On avait donné à boire à ces malheureux soldats si fatigués, et qui devenaient bien
volontiers moines ce jour-là.

Le mardi 23 fut marqué par des événements encore
plus remarquables et plus terribles que ceux de la
veille ; et quelle coïncidence étrange. Le soleil, à son
lever, était splendide ; le ciel était en fête et la terre
en deuil ! Paris était à feu et à sang. La fumée des
vastes incendies allumés la veille, montait en nuages
épais pour faire tache sur la voûte azurée... Le fracas
de la bataille partait de tous les points de la ville. Ce
vaste théâtre de tant de carnage ne comptait que fort
peu d'habitants... Tous se tenaient blottis, et l'on ne se
montrait qu'avec une extrême réserve. Les magasins,
les portes, les fenêtres, tout était clos. A six heures, ce
matin-là, on était sur pied dans la maison déjà depuis longtemps, et l'on disposait le déjeuner des soldats qui dormaient encore, car ils étaient exténués,
les malheureux ! La mère Assistante, en véritable
mère, avisait à tout le nécessaire. L'heure venue de
la distribution des déjeuners, elle s'entend avec les
chefs d'escouade, et tous furent servis. Nos troupes,
aux campements, font leur cuisine ; mais ici, cette
corvée tomba à nos bonnes sœurs, qui se chargè-
rent du café et du reste. Il fallait voir ce ménage
à la cuisine, cette activité dans le service, et comme tout se faisait gaiement. Les fatigues, les dan-

gers semblaient s'effacer, en exerçant cette charité douce et large. Cette petite armée s'installait, s'accommodait de son mieux, dans les jardins, dans les cours. Tout allait assez bien sous la mitraille et les obus, quand un commandant d'artillerie nous tombe, on pourrait dire, comme une bombe, et parlant à notre mère, lui annonce qu'il lui faut un passage dans le jardin pour ouvrir le feu contre les fédérés. « Pourriez-vous partir, ma sœur, lui dit-il. — Comment voulez-vous que je fasse, Monsieur, et où voulez-vous que j'aille avec cinquante personnes qui sont ici ? — Alors il faudra vous réfugier dans les caves, dit le commandant. » Puis, choisissant l'endroit du mur le plus favorable à son entreprise, la démolition commence du côté de l'hospice de l'Enfant-Jésus. Les coups de marteau réitérés nous annoncent que bientôt le passage serait ouvert, et la batterie disposée à répondre bruyamment aux ennemis. Cette fin nous promet aussi un double siége pour nous, et un péril imminent.

Le jardin potager était dans son beau ; en face du pan de mur qui allait tomber, se trouvaient des salades magnifiques qui avaient déjà fait le bonheur de nos hôtes. Ces bonnes salades allaient être foulées aux pieds et écrasées par les roues des voitures si l'on ne se pressait de les enlever ; mais qui aurait cette témerité ? Eh bien ! ce fut encore notre mère Assistante qui, sous une grêle d'obus et de projectiles de toutes formes et de toutes sortes, fit peut-être dix voyages pour sauver ce qui aurait été perdu... C'était pour ses soldats qu'elle sauvait ces salades.

Un sauve-qui-peut général, même de la part de la

troupe, éclate à la révélation de la batterie, et l'on commence à descendre aux sous-sols avec confusion et désordre ; il n'y avait plus aucune sécurité dans les jardins ; et cependant, pour détendre son linge, mère Assistante courait toujours. Nous nous courbions pour elle comme si ce mouvement eût dû la garantir, lorsque passait sur sa tête, en sifflant, un formidable obus ; mais elle ne bronchait pas, comme pour le petit caporal d'autrefois : Celui qui devait la tuer n'était pas encore fondu.

De la sacristie où nous étions occupées, quelques instants après, nous entendions des balles, de la mitraille, des débris de ferrailles de toutes sortes, tomber dans les hautes herbes de la cour, et les raser sous nos fenêtres ; mais bah ! on s'habitue au danger quand on a du courage, ou plutôt on ne craint rien avec le bon Dieu. Pendant ce temps, je l'ai dit, les caves devenaient des appartements meublés, et le mur se démolissait, ce que nous entendions sans le voir ; notre sort allait se décider... ce qui se fit encore providentiellement ; car l'ouverture ne se fit pas et la batterie ne se plaça pas dans notre direction. L'ennemi battait en retraite, on en put juger par son feu moins rapproché et moins direct. Saint Joseph avait entendu les prières ferventes des sœurs dans ce terrible moment. Le danger se trouvait donc moins menaçant, mais bien grand toujours. Cette journée fut remplie par toutes les agitations, et le fracas de toutes les artilleries ébranlait les maisons et les fenêtres. La grande ville offrait un lamentable spectacle. A la prison de la Roquette, les otages transférés de la veille y attendaient le supplice. Leurs bourreaux en déroute épuiseraient sur eux leur rage désespérée, ils paieraient toutes leurs défaites ; pauvres victimes ! Le soir vint, car les heures passent aussi bien dans les angoisses que dans les joies ; et comment se reposerait-on ?

L'ordre est donné de descendre les lits des bonnes dans un compartiment, dans l'autre d'autres lits pour nos sœurs qui voudraient se coucher, et aussi ceux de quelques dames ; des fauteuils, une chaise longue, des chaises, enfin tout un mobilier de bric-à-brac ; il fallait vraiment voir cet établissement, dont je veux dire deux mots tout à l'heure, quand on prendra possession de ces lits. La nuit était venue, et chacune s'occupait de ses affaires, quand j'entends M. l'aumônier : c'était lui que le ciel ramenait après bien des jours de périls et de fatigues. Devenu aumônier de la troupe, il en avait partagé les dangers et les victoires. Il se hâta de visiter les officiers et les soldats compés dans la communauté. Nous fûmes presque heureuses ce soir-là, car on se retrouvait après tant de traverses, et bientôt on espérait voir rentrer dans ces murs la Mère et ses chères filles de la Croix. Depuis sept semaines qu'on vivait divisé, on avait cruellement souffert, surtout par le cœur. Il fallut aller prendre quelque repos après une journée si laborieusement remplie ; pour cela, il fallait occuper les appartements récemment meublés ; pour moi, je ne m'y décidai pas ; seulement, avec une de nos sœurs, je descendis pour aider à quelque installation. Dans un lit du fond, était une pauvre malade mourante, ne laissant échapper que quelques plaintes ; une vieille dame, dans un autre lit, fournissait une conversation active et bruyante, qui incommodait fort une sœur qui essayait de dormir et s'était posée sur une chaise longue; quelques instants, le sommeil bruyant de la dame (toujours la même) forcèrent cette pauvre sœur, à abandonner le voisinage; mais ne trouvant aucune place ni bonne, ni sûre, ce fut en promenades sur les escaliers que s'acheva sa nuit.

Plus loin, une autre dame assise sur une chaise y demeurait sans mouvement pour appeler le sommeil, et priait Dieu sans doute, pour l'apaisement à l'intérieur et à l'extérieur. Les bonnes, bien roulées sous leurs couvertures, dormaient à peu près.

Mère Assistante avait à faire dans les appartements et ne s'arrêtait point, elle refusa de se mettre en sûreté pour la nuit, qui se passa comme la précédente sous la mitraille et les bombes, dans cette petite chambre où tous les bruits les plus fracassants la trouvaient sinon rassurée, du moins impassible; c'était la seconde nuit que nous passions sans lits à faire des rondes, des inspections partout. Les incendies continuaient, et d'une des fenêtres du quatrième, dans le silence de la nuit, nous voyions monter de larges flammes empourprant tout le ciel, et décrivant un vaste cercle comme ensanglanté, bientôt perdu dans d'épais nuages de fumée; ce spectacle était grandiose et douloureux à la fois; il inspirait à l'âme une profonde mélancolie, et faisait haïr les passions humaines. Ce que des hommes de génie avaient produit avec des siècles, quelques misérables le détruisaient en quelques instants. O pauvre humanité! quand Dieu nous abandonne, quels crimes ne seraient pas les nôtres! Encore une fois, je m'arrête, pour mettre fin à ce récit qui s'est déjà trop prolongé. La journée du 24 fut comme les précédentes, teinte de sang et pleine de troubles ; la bataille durait toujours, acharnée et terrible. La prison de la Roquette livrait aux bourreaux de la Commune six victimes, six martyrs, parmi lesquels était Mgr l'arvêque.

Ce jour-là, notre poste nous quittait en laissant à notre mère Assistante et à nous mille témoignages de reconnaissance... Nous espérions enfin un peu de repos, quand il nous tombe une pension entière, jusqu'aux concierges, venant demander abri pour la nuit. Notre mère Assistante se disposait à gagner sa cellule pour y commencer sa nuit, lorsqu'on lui annonce cette peu agréable surprise... Pour une semblable installation, il fallait du temps, aussi la soirée était-elle avancée avant que cette population eût dîné et fut établie au dortoir. Cette nuit-là comme les deux précédentes nous trouva debout, mère Assistante et moi. Elle avait été des plus bruyantes. Cette pension nous resta trois jours.

Il ne me reste plus rien de remarquable ni de particulier à raconter pour nous. De temps à autre, nous étions bouleversées par les cris du dehors : on met le feu au gaz, on jette du pétrole dans les caves... Il fallait au plus vite fermer les compteurs, boucher les caves, répondre à ses voisins effarés, qui venaient jeter la terreur et l'effroi parmi nous. Les explosions des poudres qui faisaient croire que tout Paris allait sauter, méritent aussi d'être mentionnées. Les secousses ressenties ici furent effroyables, une surtout nous bouleversa et nous renversa presque.... On pouvait croire à la fin de tout.

La Commune était à l'agonie, ses forces étaient à bout, il ne lui en restait que pour le crime, mais elle en avait encore assez pour en commettre de monstrueux. Paris devait sauter tout entier sans un miracle de Providence.

Le jour de la Pentecôte fut l'heure de la délivrance, la Commune n'existait plus!!!

La famille exilée revint bientôt reprendre sa place au foyer béni, et les deux familles séparées par la persécution se réunirent de nouveau, ne faisant qu'un même cœur et une même voix pour louer Dieu et le remercier...

ÉPILOGUE

En compulsant les notes de ce récit, j'ai souhaité bien souvent une plume plus habile, afin qu'il fût digne d'être offert aux Mères de cette communauté entière ; telles que seront ces lignes, elles témoigneront toujours de ma bonne volonté et de la vérité des faits accomplis.

Si elles sont destinées à l'impression et à la publicité, je réclame pour ce travail si imparfait, une entière indulgence. Je voudrais qu'en lisant ces pages, on pût partager mes sentiments sympathiques pour nos bonnes sœurs et se sentir touché et pénétré, comme je le suis moi-même, des vertus pratiquées par elles, qui ont attiré sur cette communauté une protection si remarquable du ciel. Puissé-je éclairer un peu les ignorants qui ne comprennent pas le mérite et la grandeur de la vie religieuse, qui est la manifestation la plus belle et la plus touchante de l'action et de la grâce de Dieu sur l'homme, et qui inspire aux âmes un dévouement et une charité incomparables pour leurs semblables? Pendant les mauvais jours qui nous ont réunies, dans des fatigues et des périls communs, j'ai voué à ces chères et aimées sœurs le plus immuable des attachements! Prête à les quitter, mon cœur en ressent une vive et profonde douleur! Le devoir seul peut rendre un tel sacrifice possible, quand c'est Dieu qui le commande, mais il permettra que mon cœur reste attaché à la Croix.

Pour le reste, *fiat* toujours!

H. R.

Paris. — Imprimerie Pillet fils aîné, rue des Grands-Augustins, 5.